zop van nop

Tjibbe Veldkamp
met tekeningen van Irma Ruifrok

Zwijsen

ik ben zop.
ik kom van nop.
dat is ver.
nou ben ik er.

ik ben zop.
zop van nop.
wie weet
wat ik eet?

pap?
eet ik pap?
van pap
wil ik niet een hap.

peer?
eet ik peer?
peer wil ik
niet meer!

biet?
eet ik biet?
ba!
biet wil ik niet.

ik ben zop.
zop van nop.
wie weet
wat ik eet?

op wol
ben ik dol.
ik eet
een bol wol.

en nog een bol.
en nog een bol.
ik eet me vol
met wol.

ik hou
ook van touw.
is touw
ook wat voor jou?

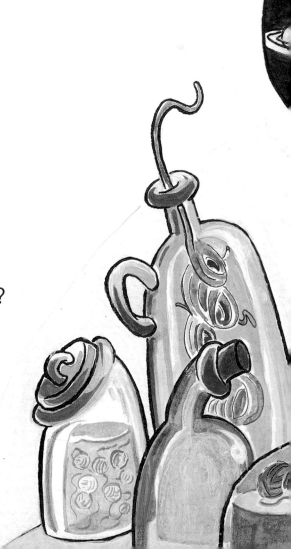

ik ben zop.
zop van nop.
ik kan veel.
let maar op!

weet je waar
ik mee nies?
ik nies
met mijn kies.

weet je waar
ik mee vaar?
ik vaar
met mijn haar.

weet je waar
ik mee ril?
ik ril
met mijn bil.

weet je waar
ik mee boor?
ik boor
met mijn oor.

ik hoor
niet met mijn oor.
nee heus,
ik hoor met mijn neus.

je weet nou
veel van mij.
maar zeg me:
wie ben jij?

en wie is hij?
zeg het mij.
hoe heet hij?
en wat eet jij?

ik ben zop.
zop van nop.
maar wie ben jij?
kom op!

ik ben dop.
en dat is hop.
wij zijn ook
van nop!

kom je mee?
mee met dop?
kom je mee?
mee met hop?

toe nou, zop!
kom op.
toe kom mee
naar nop!

ben jij dop?
ben jij hop?
wat een mop!
wat een mop!

ik heet niet zop.
ik heet jop.
ik kom van hier.
en niet van nop!

ik mee?
nou, nee.

tot kijk, dop.
tot kijk, hop.
heel veel lol op nop!

sterretjes bij kern 6 van Veilig leren lezen

na 16 weken leesonderwijs

1. de bal is een boot
Stefan Boonen en Greet Bosschaert

2. tim toer
Monique van der Zanden en Joyce van Oorschot

3. zop van nop
Tjibbe Veldkamp en Irma Ruifrok